Mm

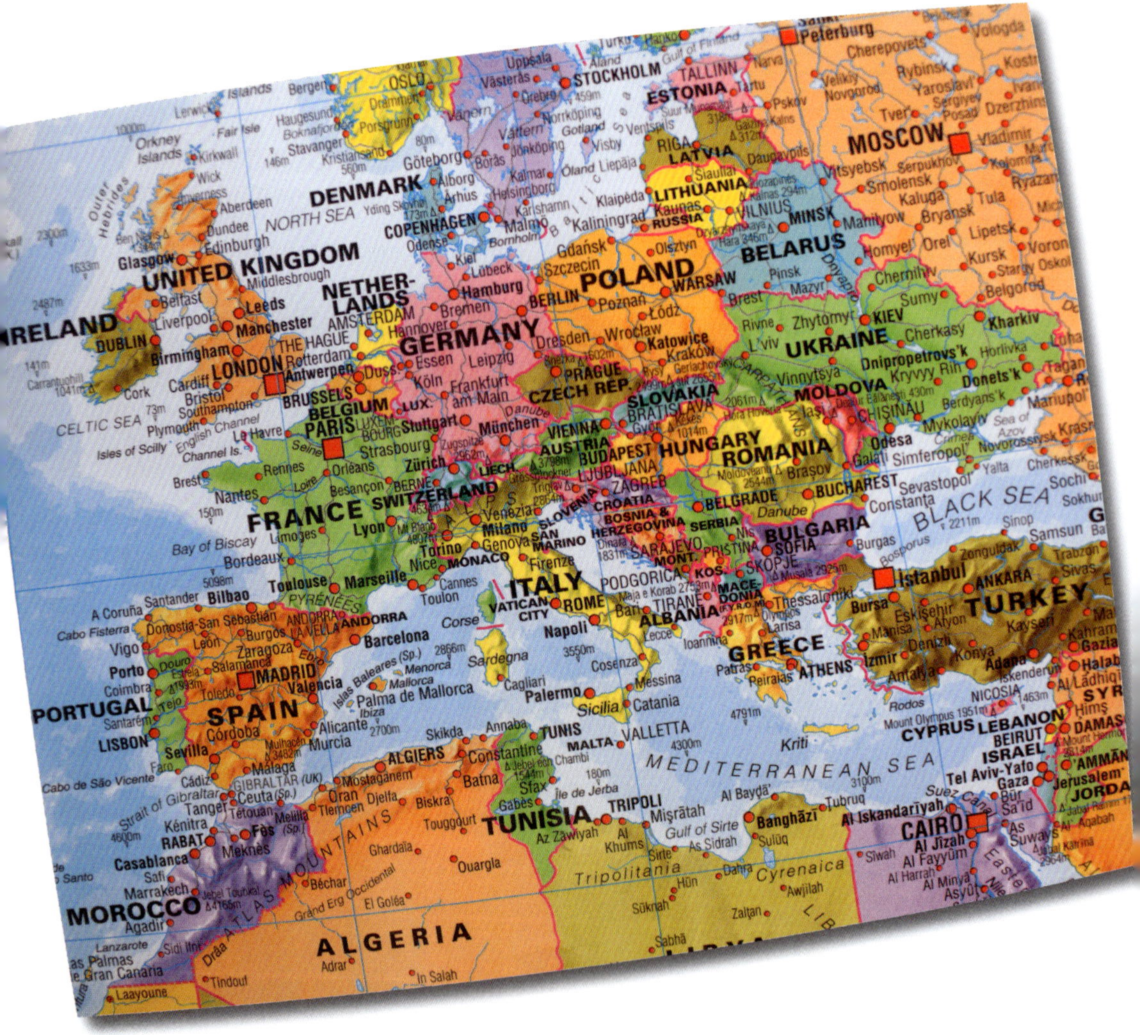
UNITED KINGDOM
IRELAND
DUBLIN
LONDON
NORTH SEA
CELTIC SEA
DENMARK
COPENHAGEN
NETHER-
LANDS
AMSTERDAM
BELGIUM
BRUSSELS
GERMANY
BERLIN
POLAND
WARSAW
FRANCE
PARIS
Bay of Biscay
SPAIN
MADRID
PORTUGAL
LISBON
SWITZERLAND
AUSTRIA
VIENNA
CZECH REP.
PRAGUE
SLOVAKIA
HUNGARY
BUDAPEST
ROMANIA
BUCHAREST
BULGARIA
SOFIA
ITALY
ROME
GREECE
ATHENS
TURKEY
ANKARA
Istanbul
BLACK SEA
UKRAINE
KIEV
BELARUS
MINSK
MOSCOW
ESTONIA
LATVIA
LITHUANIA
STOCKHOLM
OSLO
MEDITERRANEAN SEA
TUNISIA
TUNIS
ALGERIA
ALGIERS
MOROCCO
RABAT
CAIRO
TRIPOLI
CYPRUS
LEBANON
ISRAEL

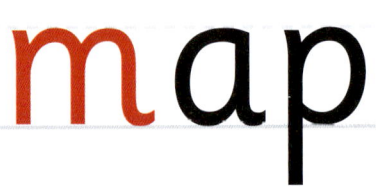

map

maggot

medal

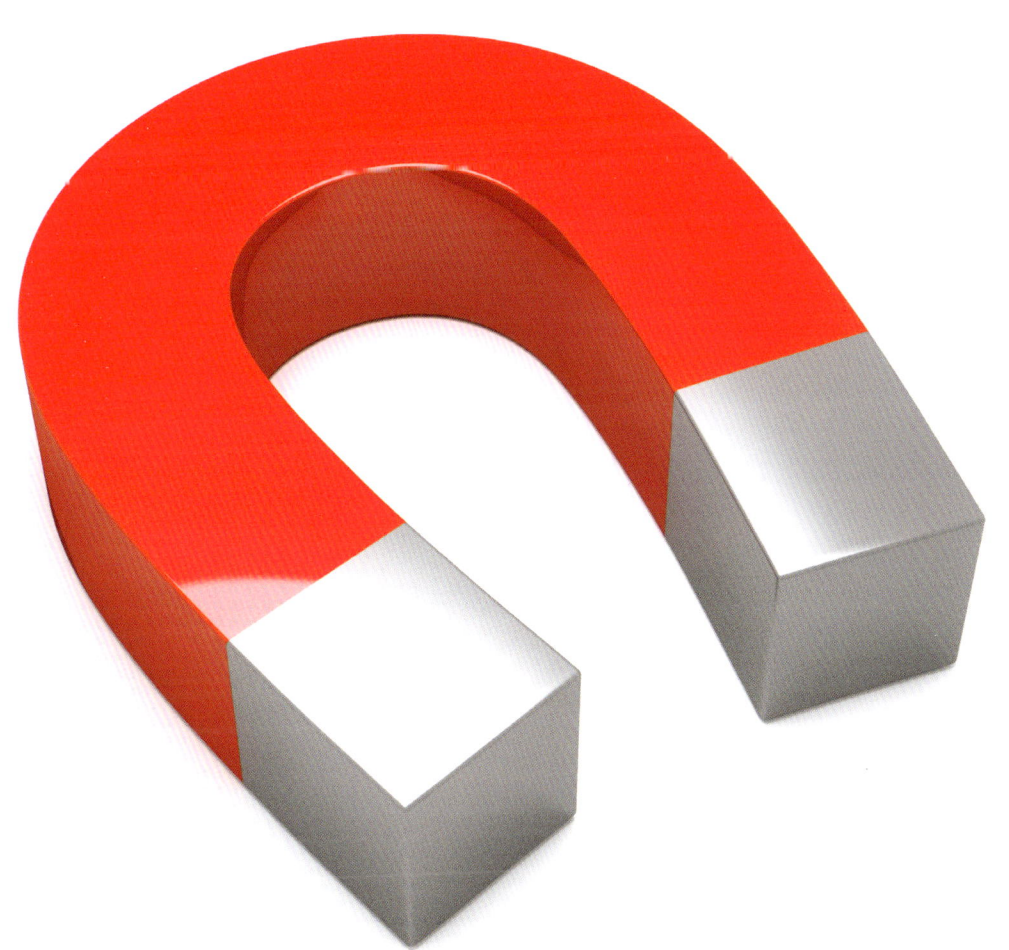

magnet

mask

mushroom

milk

moon

m m m

m m m

Mm

map
maggot
medal
magnet
mask
mushroom
milk
moon

The picture on page 10 is of a **m**onkey.

Ransom Alpha Stars

Aa	Rr	sh
Bb	Ss	th
Cc	Tt	ng
Dd	Uu	ai
Ee	Vv	ee
Ff	Ww	oa
Gg	Xx	igh
Hh	Yy	oo
Ii	Zz	ar
Jj		or
Kk	ck	ur
Ll	ff	ow
Mm	ll	oi
Nn	ss	ear
Oo	zz	air
Pp		ure
Qu/qu	ch	er

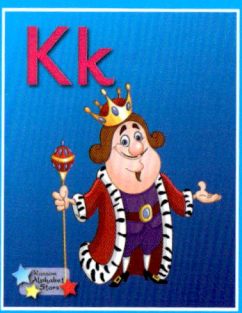  

  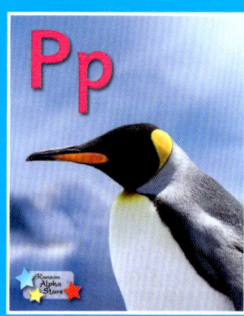

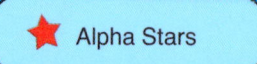 Alpha Stars